시간의 쪽배

시간의 쪽배

오세영 시집

민음의 시 128

민음사

自序

나무가 쑥쑥 키를 올리는 것은
밝은 해를 닮고자 함이다.

그 향일성(向日性).

나무가 날로 푸르러지는 것은
하늘을 닮고자 함이다.
잎새마다 어리는
그 눈빛.

나무가 날로 푸르러지는 것은
하늘 마음, 하늘 생각 가슴에 품고
먼 날을 가까이서 살기
때문이다.

2005년 늦봄 오세영

차례

1부 시집가는 산

나무 1　13

나무 2　14

나무 3　16

깨달음　18

날씨　19

시집가는 산　20

낮달　22

번개　23

삭풍　24

겨울바람 소리　25

햇빛 공양　26

봄비 소리　27

풍경　28

땡볕　29

지구　30

겨울 산　31

봄　32

소낙비　33

경건　34

천둥 벼락　35

2부 떠가는 목선처럼

봄날에   39

겨우살이   40

대숲 – 성부에게   41

그리고 지우고   42

들꽃   43

절벽   44

적의(敵意)   45

학교   46

소나무   48

눈 잣나무   50

봄비   51

해일(海溢)   52

춘곤(春困)   53

뿌리   54

등불   55

성좌(星座)   56

돌멩이   57

불면 2   58

감자를 캐며   59

딸에게 – 시집을 보내며   60

3부 서역(西域) 시편

둔황에서　65

누란에서 - 우루무치 박물관에서 앳된 소녀의 미라를 보았다.　66

투루판에서　67

쿠처에서　68

민팽에서　70

허텐에서　72

예챙에서　73

카슈가르에서　74

고비 사막 1　76

고비 사막 2　77

고비 사막 3　78

고비 사막 4　79

고비 사막 5　80

아, 타클라마칸 1　81

아, 타클라마칸 2　82

아, 타클라마칸 3　83

아, 타클라마칸 4　84

아, 타클라마칸 5　86

신기루　87

파미르 고원　88

1부

시집가는 산

나무 1

새해 첫날
막 잠에서 깨어나면
창밖 나무들의
함빡
물오르는 소리.
처녀가 이미 소녀가 아니듯
오늘의 나무는 이미 어제의 나무가
아니다.
새날이다.
거울 앞에서
자신을 바라보아라.
어제의 나무가 오늘의 나무가 아니듯
거기
너를 바라보는 또 다른
너.

나무 2

나무도 기실 그렇게 해서
새끼를 치는 것이다.

겨울 산,
후미진 계곡을 찾아가 보아라.
나무와 나무가 벗은 몸으로
한데 엉클어져 있는 것을.

두툼한 눈을 깔고 누워
살과 살을 맞댄 채 뒹구는 나목(裸木)들,
겨울은 나무들의 밤이다.

봄은 그들의 아침.

신방 이곳저곳에서는
기상하는 나무들의 기침 소리가
들린다.
……쨍
계곡의 얼음장 깨지는 소리.

지난가을,
벗어던진 낡은 옷 대신
각기 연녹색 새 옷으로 갈아입은 신부는
새 아침
창문을 연다.

어느 틈에
언 땅을 헤치고
뾰족이 움을 틔우는 나무들의
여리디여린 새순.

나무 3

나무가 쑥쑥 키를 올리는 것은
밝은 해를 닮고자 함이다.

그 향일성(向日性).

나무가 날로 푸르러지는 것은
하늘을 닮고자 함이다.
잎새마다 어리는
그 눈빛.

나무가 저들끼리 어울려 사는 것은
별들을 닮고자 함이다.
바람 불어 한세상 흔들리는 날에도
서로 부둥켜안고 견디는 그
따뜻한 가슴.

나무가 촉촉이 수액을 빨아올리는 것은
은핫물을 닮고자 함이다.
한 생명이 다른 생명에게 흘려준
몇 방울의 물.

가신 우리 어머니가 그러하시듯
산으로 가는 길은 하늘 가는 길.

나무가 날로 푸르러지는 것은
하늘 마음, 하늘 생각 가슴에 품고
먼 날을 가까이서 살기
때문이다.

깨달음

적멸에 들었는가.
눈 내려 온통
은산(銀山)은 철벽(鐵壁)인데
밤 되어도
박새 한 마리 날지 않는다.
숲과 계곡과 절벽의 저
무거운 침묵.

돌연
그의 창가에 구름을 걷고
보름달이 환하게 얼굴을 내밀자
아,
장엄하게 빛나는 화엄경(華嚴境)이여,
어디선가
절벽의 잘생긴 전나무 하나
후드득
소스라쳐 온몸으로 눈발을 턴다.

날씨

산(山) 가족 중에서
유일하게 글을 깨친 새들이다.
아침 하늘은 조간신문,
살풋 나뭇가지에 앉아 기사를 읽고
종알종알 산중에 소식 전하기 바쁘다.
저 험한 먹구름은
전쟁 기사,
저 높은 흰 구름은
휴먼 다큐,
저 아름다운 무지개는
연예 르포 그러나
오늘의 톱 뉴스는 단연 쿠데타.
우르릉 땅!
벼락이 친다 갑자기……
언론 통제인가 온 하늘 가득히
몰아치는 소낙비.

시집가는 산

봄에
안개가 피어오르는 것은
시집가는 산이
면사포로
얼굴을 살포시 가리기 때문.

여름에
소나기 치는 것은
신방에 들기 전 산이
알몸으로
샤워를 하기 때문.

가을에
이슬이 내리는 것은
순결을 잃은 산이
소매 깃으로 살짝
눈물을 떨어뜨리기 때문.

겨울에
호수의 결빙된 수면이

살며시 산을 비추어 보는 것은
초야를 보낸 그가
거울로 말없이
자신의 알몸을 들여다보기 때문.

낮달

투명하게 얼어붙은 수면을
물끄러미 들여다본다.
평화롭게
숭어 떼들이 놀고 있다.
그 위를 저벅저벅 걸어도
알지 못한다.
순간
뒤통수를 문득 스치는 기척,
위를 올려다본다.
파아랗게 얼어붙은 하늘 위에서
반쯤 눈을 감은 낮달이
물끄러미 또
나를 내려다보고 있다.

번개

무더위에 지치면
지구도 게으름을 피우는 것,
황도(黃道)에서 벗어나
낮잠에 빠졌다고
벽력같이 치는 호통 소리,
번쩍
정신 나게 따귀 때리는 소리
주르륵 눈물을 쏟는다.

무사히 걸어갈 수 있을까. 또 한해,
아무 데도 없으면서 아무 데나 있는 길[1]

---

1) 서정주의 「바다」에서 빌려온 시행.

삭풍

감싸기만 해선 안 된다.
당당한 낙락장송으로 키우기 위해선
맞을 매는 맞아야 한다.
봄의 그 귀여운 꽃잎,
여름의 그 늠름한 녹음,
늘 칭찬만 받더니 어느 사이엔가
비뚜로 뻗는 줄기.
겨울 되어
알몸 드러낸 종아리를 사정없이
회초리 친다.
매서운 삭풍에
온 산이 운다.

겨울바람 소리

어머니는 베틀을
산의 어디에 숨겨 놓았나.
가을 내내 양털 구름을 거두어
겨울에 물레 잣는 소리,
잉앗대 당기는 소리,
하얀 빙폭(氷瀑) 같은 옷감을
한동안 절벽에 널어 말리더니
어느새 봄 되어
화사한 입성으로 갈아입힌다.
알몸의 겨울나무들.

햇빛 공양

햇빛 공양 받으려고
미닫이 열자
그새 내 방안을 엿보았는지
까마귀 한 마리 잽싸게 날아들어
내 원고지 칸의 글자들을 몽땅
쪼아 먹는다.
저리 가거라.
저놈의 까마귀, 휘어이
날아간 까마귀는
헐벗은 귀룽나무 가지 끝에 앉아 먼 하늘을 바래고
뒤쫓던 나는
얼어붙은 땅바닥에 주저앉아
헐벗은 나뭇가지를 바래고.

봄비 소리

청사초롱인가
온 산 화사하게 등불을 켜 들었다.

멍청한 바위도
더운 피가 도는 날,

동박새 마실 돌며
소문 누설 바쁜데

비단 치마
사르르 방바닥에 풀려 떨어지듯

밤새 속살거리는 규방의
봄비 소리.

풍경

후드득
어두운 하늘에서 빗발 몰아치자
일시에 펼쳐 든
도심 광장의 우산,
우산들……
까망, 하양, 파랑, 빨강.

오랜 가뭄으로 시들었다가
싱싱하게 다시 일어서는 화단의 꽃잎들.

땡볕

봄 역을 출발,
여름 역을 지나 가을 역을 향해서
상기 주행 중,
시간으로 가는 기차도 있다.
어느덧
단풍이 곱게 물든 전원을 지나자
서울,
종착역에 진입한 열차는
일시에 승객들을
광장으로 쏟아낸다.

가을의 땡볕은 참으로 아름다웠다.
막 파열하는 콩깍지, 깍지에서
일제히 튕겨져 나와 멍석에 흩어지는
알알의 녹두 알맹이들.

지구

천체의 운행에도 차가 막힐까.
지구는 하늘 길에 걸린 신호등
봄 되어 푸른 불,
별들 일제히 움직이고
가을 되어 빨간 불,
별들 일제히 정지한다.
지금 우주는 겨울, 신호 대기 중
새파랗게 얼어붙은 하늘 길을
아차,
미끄러져 까마득히 추락하는
유성 하나.
그래도 서두를 것은 없다.
우주의 목적은 항상 새로운 출발이니까.

겨울 산

노루, 고라니, 멧돼지, 오소리……
굶주림에 지쳐 헤맨다.
어떤 놈은 민가에 내려와
덫에 걸리고
어떤 놈은 밀렵꾼의 총에
맞아 죽었다.

온통 하이얗게 눈 덮인 겨울 산,
누구의 씨앗인지
제 새끼도 돌볼 줄을 모르는
백치(白痴) 여인.

봄

온도 알레르기겠지.
스멀스멀 피부가 가려운 지구는
이 아침
일시에 열꽃을 터트렸다.

전신이 노곤하다.
스르르 힘없이 무너지는
언덕의
흙.

소낙비

먼 데서 은은한 포성이 그치자
전선은 잠시 소강상태,
병정들 숨죽이고 일제히 적진을 노려본다.
순간
정적을 가르며
번쩍
하늘에서 터지는 불빛,
번개를 신호로
일제히 총구가 터진다.
후드득
발등에 떨어지는 총탄.
격렬한 전투 끝에 적진을 점령한 뒤
보무도 당당하게 전선을 이동하는
푸른 제복들의
저 일사불란한 구둣발 소리.

경건

온 천지
혹독하게 얼어붙은 겨울 들판의
초가집 굴뚝에서 모락모락 피어나는
연기,

코로 따뜻한 숨을 내뿜는
그 살아 있음의
경건함이여.

천둥 벼락

무슨 일이 일어났나.
조용하던 하늘에 문득
검은 이불이 깔리더니
온 천지 요분질이 요란하다.
누군가 털썩 눕는 소리,
발을 척척 구르는 소리,
거친 숨과 나지막한 신음 소리,
참을 듯 참을 듯 마침내 터지는 저 깊은 비명 소리,
한바탕 소낙비 내려
구름이 갠다.

비 그친 뒤 파릇하게 돋아나는 생무의 순.

2부

떠가는 목선처럼

봄날에

겨울이 가면
봄이 온다는 것
아무도 가르쳐주지 않았지만,
봄이 오면
잎새 피어난다는 것
아무도 가르쳐주지 않았지만,
잎새 피면
그늘을 드리운다는 것
아무도 가르쳐주지 않았지만,

나, 너를 만남으로써
슬픔을 알았노라.
전신에 번지는 이 초록,
눈이 부시게 푸르른 봄날의 그
꽃그늘을.

겨우살이

묻지 마,
어찌해서 연명한 목숨인가를,
당당한 건 다만 산다는
그것,
확실한 건 다만 서 있다는
그 자체,
하늘 아래 생(生)은 별보다 아름답다.
동토(凍土)에 못 내리는 뿌리는
남의 피를 빨아먹고
눈보라에 얼어붙은 육신은
남의 체온으로 덥혔나니
가혹하게 견디어낸 지옥의 한 철,
묻지 마,
어찌해서 부지한 목숨인가를,
믿는 것은 다만 네 앞에 서 있다는
그 자체,

어두울수록 빛나서 생은
아름답다.

대숲
―성부에게

이기고 돌아온 자는
먼 데서만 오는 것이 아니다.
대숲을 보아라.
제자리에서 두 손 탁탁 털고 일어서는
씨름판의 사내,
넘어지면서 오히려 쟁취한 승리가
거기 있다.
건듯
바다 건너 봄바람 불어와
꽃들의 갈채 소리 요란하지만
여기
한결 푸르른 힘들의
정적,
이기고 돌아온 자는
바다 건너 달려온 꽃바람만은 아니다.
대숲을 보아라.
제 잠자리에서
불끈불끈 솟아오르는 새봄
죽순들의 발기.

그리고 지우고

단풍 곱게 물든 산,
무심히 수면 들여다보니
틀에 끼인 한 폭의 그림이구나.

하얀 화선지에 연녹색 뿌려 봄,
푸르게 덧칠해 여름,
빨갛고 노란 물감으로 지워서 가을,
그러나 아,
너무 채색이 진해 실패다.

너무 채색이 약해 실패다.
그림 속 그의 눈은 멀리 보는데
너무 가까이 다가선 산,
이번에는 원근이 맞지 않아 또 실패다.

지나치고 모자람을, 멀고 가까움을
그리고 지우고 지우고 다시 그려
온종일 치는 붓,

호숫가에 앉아
오늘도 미완의 그림을 들여다본다.

들꽃

젊은 날엔 저 멀리 푸른 하늘이
가슴 설레도록 좋았으나
지금은 내 사는 곳 흙의 향기가
온몸 가득히 황홀케 한다.

그때 그 눈부신 햇살 아래선
보이지 않던 들꽃이여,

흙냄새 아련하게 그리워짐은
내 육신 흙 되는 날 가까운 탓,
들꽃 애틋하게 사랑스럼은
내 영혼 이슬 되기 가까운 탓.

절벽

고뇌하는 저 얼굴을 보아라.
한때
그 빛나는 이마,
푸른 하늘을 우러러
꽃과 새와 숲들을 거느렸거니
네 꿈의 다락방을 오르내리던
무지개 어디 갔느냐.
지금은 가을 어스름,
천지에 나뭇잎 스산하게 흩어지고
하염없이 계곡물은 흐르는데
남는 것, 가슴에 뚫린 빈 구멍,
동굴을 쓸어가는 바람 소리뿐,
사랑도 이와 같아라.
기쁨이 기쁨만은 아닌 것,
가을 어스름
노을에 비끼는 그대 찬
이마를 본다.

적의(敵意)

아래로 아래로 낮게 흐르는 물도 때에 따라
반항할 수 있다는 것은
겨울 산에 가보면 안다.
더 이상 순종을 거부한 채 절벽에
거꾸로 선 빙폭(氷瀑),
물은 새파랗게 날 선 칼을 지금
하늘의 턱에 들이댄다.
매서운 겨울 추위로 후려치는 채찍 앞에서
누구나 싸늘하게 얼어붙는 마음,

이 세상에는
증오에도 헌신하는 순정(純情)이란
없다.

학교

봄 반,
스케치하는 손놀림들이 부지런하다.
목탄으로 그리고 지우고……
어느새 캔버스엔 한 세상의 윤곽이
떠오른다.
이제는 붓끝으로 툭 쳐
사물들을 하나씩 잠에서 깨울 차례
파아란 물감 풀어 하늘,
초오록 물감 풀어 산, 그리고
노오란 물감 풀어 들,

여름 반은 체육 시간,
세상은 커다란 운동장이다.
시끌벅적
숲들이 벌이는 한 마당의 씨름판,
헐레벌떡
바다로 달려가는 강물들의 뜀박질,
모퉁이에선 쫓고 쫓기는
짐승들의 술래잡기가 한창이다. 그리고
일순의 폭우,

그 상쾌한 샤우어.

가을 반은 독서 시간,
여기저기 온통 글 읽는 소리다.
풀잎은 풀잎대로, 숲은 숲대로, 개울은 개울대로
스산한 갈바람에 목청을 실어……
오늘은 베짱이와 매미의 순서다.
이야기의 주인공은 태양과 달, 그리고
은하 건너 멀리 떠난 별들의
로망스.

겨울 반은 시험 시간,
이제 더 이상 배울 것은 없다.
밤새 싸락눈 내려
세상은 하이얀 한 장의 백지,
그 여백에
무엇을 쓸까, 망설이는데
아아, 갈잎처럼 북풍에 날려버린
나의 답안지.

소나무

이 우주가
하나의 거대한 지면임을
알게 된다면
반짝이는 별이나
부신 꽃이나
너울거리는 파도를
더 이상 바라다보지만 말고 이제는
글로 읽어야 할 것이다.

별과 별들이 어우르는 음절과
꽃과 꽃들이 이루는 단어와
파도와 파도가 엮어내는 문장으로
가득 찬
지면.

누가 거짓말을 했을까,
지우개로 지우듯 하얗게 하얗게
내리는 눈.
누가 그런 거짓말을 했을까.

누가 엉뚱한 말을 했을까,
혼내키듯 혼내키듯 마른 하늘에서
치는 날벼락,
누가 그런 엉뚱한 말을 했을까.

진실은 언제인가 제 안에서 드러나는 것,
매화 마른 등걸에서 새순이 돋듯
사랑은 자신을 여는 것,
매화 마른 가지가 꽃봉오리 트듯.

백두산 정상에서 늘 푸르게
하늘을 이고 서 있는 소나무를
보아라.
동해 벼랑에서
바다를 굽어 응시하고 있는 저 청청한
잣나무를 보아라.

눈 잣나무

눈보라 치는 겨울에도
당신의 젖가슴은 얼마나
따뜻했던가.
바위가 지란(芝蘭)을 품어 기르듯
눈밭에 눈 잣 한 그루
다람쥐 몇 마리를 안고 있다.
칼바람 추위로 온 산은 오돌오돌
떨고 있는데
벗은 나무는 하이얗게 굳어 있는데
눈 잣나무 가슴 헤치고
솔방울 몇 개
다람쥐 마른입에 물리고 있다.
바위가 지란을 감싸 기르듯.

봄비

꽃 피는 철에
실없이 내리는 봄비라고 탓하지
마라.
한 송이 뜨거운 불꽃을 터뜨린 용광로는
다음을 위하여 이제
차갑게 식혀야 할 시간.
불에 달궈진 연철도
물속에 담금질해야 비로소
강해지지 않던가.
온종일
차가운 봄비로 자신을 함빡 적시는
뜨락의
장미 한 그루.

해일(海溢)

사랑할 땐 누구나가 순한 짐승,
달의 품속에선 항상
들숨과 날숨이 평온한 잠자리인데
누가 비위를 건드렸을까.
벌떡 일어나 화를 낸 바다의
호흡이 거칠어진다.

일순,
밀물과 썰물이 전복된 해안선에
걷잡을 수 없이 밀어닥친
폭풍.

달과 지구 사이에 끼어든 소행성 때문일까.
사랑엔 언제나 질투가 따르는 법.

춘곤(春困)

스르르 졸음이 밀려들었다.
망망대해
서(西)으로 가는 달을 좇아
떠가는 목선처럼……

낮 꿈 깨자
와르르 웃는 뜨락의 꽃들,
노스님
일어나 망연히 봄 산을 본다.

뿌리

독야청청 소나무라고
말하지 마라
그 딛고 선 땅속에서는
다른 나무들의 뿌리와 꽁꽁 얽혀 있나니
무릇
이 세상에 홀로된 것이란 없다.

저 무심한 바위 밑의 샘물도
보이지 않는 곳에서 용출하나니.

등불

주렁주렁 열린 감,
가을 오자 나무들 일제히 등불을
켜 들었다.
제 갈 길 환히 밝히려
어떤 것은 높은 가지 끝에서 어떤 것은 또
낮은 줄기 밑동에서
저마다 치켜든
붉고 푸른 사과 등,
밝고 노란 오렌지 등,
……
보아라 나무들도
밤의 먼 여행을 떠나는 낙엽들을 위해선 이처럼
등불을 예비하지 않던가.

성좌(星座)

우주는
선과 악이 두는 바둑판
용호상박(龍虎相搏)
언제 끝날지 모르는 한판의 대접전.
신(神)이 천원(天元)에 쌍패를 두면
악마는 화점(花點)에 호구를 친다.
그 적경(赤經)과 적위(赤緯)의 교차점에 놓인 바둑을 일러
북두칠성이라 하거니
지금 어느 귓가의 집이 힘없이 무너지는가.
카시오페이아 근처에서
와르르 떨어져 지상으로 내리는
한 무더기의 별똥별.

그러나 신이여,
제발 승부수를 던져
끝내기 바둑으로 판을 쓸지만은 마시기를……
우리는 오직
밤하늘의 아름다운 별 하나를 두고
내일을 믿나니……

돌멩이

밭을 갈다가
쟁기에 받힌 돌을 뽑아 둑에 버린다.
아무짝에도 쓸모없는 것
차가운 무기물,
일찍이 지구가 창조의 감동으로 전율하던 날,
너도 한때는
뜨거운 불덩이로 끓었으리라.
그러나 지금은 무슨 한과 미움으로
이처럼 굳어버렸나.
생명을 거부하는 검은 핏덩이
굳어버린 불.

불면 2

처마의 낙숫물 소리,
뇌수(腦髓) 속에 떨어지는 차가운 링거액 같아
퍼뜩 놀라 일어선 마음이
창문의 커튼을 걷는다.
밖에는 시름없이 봄비 내린다.
불을 키고 맞이할까나.
유리창에 파닥거리는 것 있어
파르르 가냘프게 떠는 것 있어
병든 의식은 유리창에 찬 이마를 대고
온밤을 뜬눈으로 지새운다.
비 그친 아침,
뜰의 홍매화 활짝 꽃잎을 펼치는데
유리창에 그림처럼 붙어 하이얗게 미라로 굳어버린
나비 한 마리.

감자를 캐며

눈에 보이는 것보다
보이지 않은 것의 현신(現身)은
얼마나 찬란한 경이이더냐.
음(陰) 6월, 해가 긴 날의 어느 하루를 택해
호미로 밭두렁을 허물자
우수수 쏟아지는 감자, 감자
겉으로 드러난 줄기와 잎새는
시들어 보잘것없지만
흙 속에 가려 묻혀 있던 알맹이는
튼실하고 풍만하기만 하다.
부끄러워 스스로를 감춘 그 겸손이
사철 허공에 매달려 맵시를 뽐내는
능금의 허영과
어찌 비교할 수 있으랴.
보이지 않는 것은 보이는 것의 어머니,
세상이란 보이지 않는 반쪽이 외로 지고 있을지니
눈에 보이는 것보다
보이지 않는 것의 현신은
얼마나 아름다운 경이이더냐.

딸에게
―시집을 보내며

가을바람 불어
허공의 빈 나뭇가지처럼 아빠는
울고 있다만 딸아
너는 무심히 예복을 고르고만 있구나.
이 세상 모든 것은
붙들지 못해서 우는가 보다.
강변의 갈대는 흐르는 물을,
언덕의 풀잎은
스치는 바람을 붙들지 못해
우는 것, 그러나
뿌리침이 없었다면 그들 또한
어찌 바다에 이를 수 있었겠느냐.
붙들려 매어 있는 것치고
썩지 않는 것이란 없단다.
안간힘 써 뽑히지 않은 무는
제자리에서 썩지만
스스로 뿌리치고 땅에 떨어지는 열매는
언 땅에서도 새싹을 틔우지 않더냐.
막막한 지상으로 홀로 너를 보내는 날,
아빠는 문득 뒤꼍 사과나무에서

잘 익은 사과 하나 떨어지는 소리를
듣는다.

3부

서역(西域) 시편

둔황(敦煌)에서

사막은
한 줄
하늘과 땅을 금 그은 백지,
해와 달은 크레파스로
그려 넣었지만
아직 채색되지 않은 목탄
데생화이다.

오직 화판을 들여다보는
늙은 신(神)의 눈동자만 초롱초롱 빛날 뿐.

누란에서

—우루무치 박물관에서 앳된 소녀의 미라를 보았다.

해 뜨고 해가 진다.
바람 불고 바람이 잔다.
뜨거운 낮이 가고 차가운 밤이 온다.
모래는 항상 모래다.
해가 지고 또 해가 뜬다.
바람이 자고 또 바람이 분다.
차가운 밤이 가고 또 뜨거운 낮이 온다.
모래는 항상 모래다.
사막은 죽음을 용납지 않는 땅
누가 이런 곳을 가려 육신을 묻었던가.
가지런한 흑발, 석류 알같이 하얀 치아,
복숭아빛 고운 그 뺨,
나 오늘 누란[1]의 모래밭에서
2,000년 전의 미인을 본다.
허무의 영원을 본다.

---

1) 누란(樓蘭). 타림 분지에 있는 오아시스 도시.

투루판에서

해는 해로 있고 달은 달로 있더라.
꽃도
새도
여우도
뱀도
…………
그냥 있더라.

낙타는 방울 소리를 울리며
타박타박 그저 걸어가더라.
아무도 붙잡지 않더라.

기다림이 없는
그것이 사막이더라.

쿠처[1]에서

오아시스에서의 만찬은
항상 아름다워라.
백옥(白玉)의 별들이 반짝거리는
한 알의 석류와
빨갛게 태양이 이글거리는 수박과
노오란 달덩이 같은 란[2]과
그리고
몇 조각 양고기.
비록 가난하지만
배고픈 이교도를 위해 차려준
한밤의 식탁은
정녕 우주로 돌아가는 제식(祭式)일지니
내 한 알의 석류를 먹어 별이 되고
한 덩이 수박을 먹어 태양이 되고
한 조각의 란을 먹어 달이 되리라.

---

1) 쿠처(庫車). 톈진 산맥(天山山脈) 남쪽 기슭 타클라마칸 사막의 오아시스 도시. 쓰바시 고성이 남아 있다.
2) 밀가루로 펑퍼짐하고 동그랗게 구어낸 빵. 아랍, 인도, 중앙아시아 지방 사람들이 주식으로 먹는다. 인도에서는 자파티라고 함.

그리고 남는 몇 점의 양고기는
희생의 제물,
당신께 바치는 내 마음의 아픔이오니
알라여,
생을 지기 위해 죄를 짓는 또 다른 한 생이 되지 않
도록
죽으면 내 영혼 다시 이 땅으로
돌려보내지 마시기를……

민펑[1]에서

거칠고 황량한
타클라마칸 사막이라 하더라만
메마르고 쓸쓸한
고비 사막이라 하더라만
내 보았나니
모래 속에 피어나서 화안하게 웃는 저 꽃들.
뤄퉈우초우, 지지초우, 훙류……[2]
어떤 것은
먼 지평선을 향해 등불을 켜 들고
어떤 것은
푸른 별들을 향해 눈을 깜박이고
어떤 것은 또
지나가는 낙타의 방울 소리에 소매 깃을 흔들어,
내 오늘 타클라마칸 사막에서
사막이 사막이 아님을 알았나니,
진정 사막이란

---

1) 민펑(Minfeng). 쿠처에서 시작한 사막 고속도로가 타클라마칸 사막을 횡단하여 다다른 남쪽의 오아시스 도시.
2) 풀꽃 이름들. 뤄퉈우초우(駱駝草), 지지초우(极箕草), 훙류(紅柳).

서울이라는 어느 삭막한 도시의
뒷골목에서
홀로 드는 너의 술잔에, 눈동자에 있음을
내 이제 비로소 알았나니.

허톈에서

그 유명한 쿤룬[1] 옥(玉)은
허톈[2]의 강변에서 찾아야 한다.
굳이 캐자면
산에서 얻지 못할 것도 아니지만
그런 까닭에
끌과 망치로 조탁한 옥이
스스로 빛을 내는 하상(河床)의 그것보다
더 아름다울 순 없지 않는가.
몇 천 년을 두고
쿤룬에서 발원한 강물과 함께
물에 씻기고, 돌에 갈리고, 흙에 닦여서
비로소 허톈의 강가로 흘러든 옥,
인간 또한 그렇지 않던가.
개성은 고독 속에,
성품은 세상의 대하(大河)에서 길러진다고[3]

---

1) 쿤룬 산맥(崑崙山脈). 타클라마칸 서남쪽에 티베트와 경계를 이루며 길게 뻗쳐 있는 산맥. 옥의 주산지로 알려져 있음.
2) 허톈(花田). 타클라마칸 서남쪽 쿤룬 산의 기슭에 자리한 오아시스 도시. 쿤룬 산에서 발원한 백강(白江)과 흑강(黑江)이 만나는 지점에 있다. 쿤룬 산에서 휩쓸려 오는 이 강물의 토사 속에 질이 좋은 옥들이 섞여 있어 예로부터 옥의 생산과 가공으로 유명함.
3) 괴테의 잠언임.

예챙[1]에서

서역의 오아시스는
사막에 뜬 백화나무[2]의 섬과
당나귀 방울 소리와
슈르파[3] 굽는 냄새.

하늘을 찌를 듯이 키 큰 백화나무들이
일렬로 쭉 늘어선 모랫길을
딸랑딸랑
당나귀는 분주하게 이륜마차를 끄을고,

서역의 오아시스는
사막에 드리운 백화나무의 푸른 그늘과
당나귀 우는 소리와
슈르파 굽는 냄새.

---

1) 예챙(葉城). 타클라마칸 서남쪽에 있는 사막 도시, 티베트와 파미르로 가는 두 길이 나누어지는 지점.
2) 백양나무 혹은 자작나무라고 불리기도 한다. 모래 바람을 막기 위하여 마치 성벽처럼 사막과 오아시스의 경계에 심었으며 도시 안 역시 이들 나무 이외에는 거의 없다.
3) 위구르 인들이 즐겨 먹는 양고기 음식.

카슈가르에서

하늘을 닮아
눈이 파아란 위구르의 계집애야
피부가 눈같이 희어
마음이 어쩐지 슬플 것만 같구나.
휘어져 뻗는 손은
바람에 날리는 석류 꽃잎 같고
휘도는 허리는 하늘대는
예살라이[1]의 꽃술 같다.
지금 타는 오현금(五絃琴)의 리듬은
사랑의 가파른 상승 곡조,
사막을 건너는 소낙비의 템포로
두 발은 재재발리 스텝을 차고 있다만
설령
내 눈이 네 시선을 맞추었다 해도
고개를 돌리지 마라.
부끄럽기는 차라리 죄 많은 이 이교도(異敎徒)의 마음일지니
하늘을 닮아
눈이 파아란 위구르의 계집애야
향비(香妃)[2]의 딸아,

어쩐지 슬퍼만 보이는
서역의 색목녀(色目女)[3]야

----

1) 예살라이(野沙賴). 파미르 고원의 들꽃.
2) 향비(香妃). 청나라 건륭 황제가 사랑했던 위구르의 왕녀. 정혼한 연인이 있었음으로 건륭 황제의 사랑을 끝까지 거부하다가 자금성에서 자살했다는데 그의 시신은 타클라마칸의 오아시스 도시 카슈가르(喀什)에 묻혀 있음. 태어날 때부터 온몸에서 아름다운 향기가 배어 나왔다 함.
3) 신라 시대부터 우리 사서(史書)에서는 서역인 혹은 아랍인들을 색목인 즉 눈이 파란 사람들이라 불렀음.

고비 사막 1

수억 년 동안 죽어 사라진 주검들이
모두 여기 모여 있구나.
몸통은 모두 독수리 떼에게 뜯겼는지
빈 해골들만 지평선 가득히
널려 있다.
뜨거운 폭양 아래
꼼짝도 하지 않는 그 무서운
침묵,
그러나 밤이 되면
일제히 눈을 뜨고 하늘을 향해서
휘이……
목쉰 휘파람 소리를 낸다.

거친 돌멩이와 자갈만으로 끝없이 뒤덮여 있는
아, 고비[1] 사막.

---

[1] 사막이 문자 그대로 모래만으로 뒤덮인 사막임에 비하여 고비(戈壁)란 끝없이 거친 자갈들로만 덮인 사막.

고비 사막2

있다.
그저 있다.

모래를 보아라.
제각기 홀로인 전체 아닌가.
모두가 각각인 하나 아닌가.

풀은 풀대로 저만치에서
돌은 돌대로 저만치에서
…………

있다.
그저 있다. 홀로 있다.

사막에선 낙타도 울지 않는 법,

아무도 불러주지 않는 그것이
사막이란다.
그 어떤 이름도 없는 그것이

고비 사막 3

흐느낌 같다.
비웃음 같다.
무섭도록 침묵한 공간을
가냘프게 울리는
저 휘파람 소리,
가도 가도 지평선은 아득키만 한데
태양이 우는 것인가.
낮달이 웃는 것인가.
사구(砂丘)에 낙타를 멈추고 문득
뒤 돌아본다.
지지초우(极箕草) 그늘 아래서 하얗게 삭는 백골(白骨),
속을 비운 그 정강이뼈 하나
바람에 실없이 울고 있다.
적막한 우주에 던져진
피리 하나.

고비 사막 4

오직 사라져갈 뿐
죽음이 없는 땅, 사막은
바람의 바다.
어패류, 해조류……
물을 먹고 사는 것들은
물로써 죽지만
바람으로 태어난 자갈, 모래, 바위, 암석
그리고 사구에서 말라가는 관목,
전갈과 방울뱀과 칭기즈 칸의 군대……
바람을 먹고 사는 것들은
목숨이 한줄기 바람인 줄 아는 까닭에
죽지 않고 다만
사라져갈 뿐이다.
돌개, 회오리, 소소리, 용오름
바람
바람
사막은 바람의 항구.

고비 사막 5

예서 나 죽으면 어찌할까나
──꽃으로 환생하지도 못하고
──짐승으로 다시 태어나지도 못하고
내 영혼
밤마다 저 황막한 사구를 방황할지니
흰 정강이뼈, 간당[1]으로 만들어져
휘휘 휘파람 소리나 낼까.
부서진 두개골, 다마르[2]로 만들어져
덩덩덩 북소리나 낼까.
가도 가도 끝이 없는 열사(熱砂)의 땅,
가끔 눈에 띄는 것은
하얗게 바랜 사체의 뼛조각들뿐인데
예서 이제 나 죽으면 어찌할까나,
──윤회전생(輪廻轉生)도 끊기고
──부활승천(復活昇天)도 끊기고.

---

1) 사람의 정강이뼈로 만든 피리인데 라마교에서 제식 때 쓴다.
2) 사람의 두개골로 만든 북인데 라마교에서 제식 때 쓴다.

아, 타클라마칸 1

끝없이 막막함은 하나다.
끝없이 지루함은 하나다.
끝없이 있음은 하나다.
끝없이 홀로는 하나다.
끝없는 반복은 하나다.

하나가 사막이다.

아, 타클라마칸 2

사구(砂丘)의 아름다움을 보아라.
세상의 곡선들이
다 여기에 모여 있다.
어떤 것은 나부(裸婦)의 둔부를 그리고
어떤 것은 장미의 화관을 그리고
어떤 것은 사슴의 눈매를 그리고……
그 순연한 자태에는 차마
발자국을 남길 수 없다.
그러나 아름다움 속엔 항상
죽음의 덫이 도사리는 법,
바람이 분다.
모래가 살아 움직인다.
곡선들이 꿈틀대며 올무를 조인다.
마황초(馬黃草)[1] 한 떨기가 부르르 떤다.

---

1) 고비 사막이나 타클라마칸 사막에서 자라는 키 작은 떨기 풀.

아, 타클라마칸 3

사막은
서 있기를 허락지 않는 땅
사구도 누워 있고, 산맥도 누워 있고
멀리 나른하게 지평선도 누워 있고
....
사막은
가로누운 선(線),
흰 자크[1]는 누워서 꽃을 피우고
대상(隊商)은 낙타 등에 누워서 가고
아, 그러나 바람이 불면
사막도 수직(垂直)의 꿈을 꾼다.
나무와 같이
야수와도 같이
일시에 곧추서 하늘을 노려보는
모래의 저 용오름.

---

1) 고비 사막 남쪽에서만 자라는 키 작은 다년생 떨기 풀. 아주 작은 하얀 꽃들을 방울처럼 달고 있다.

아, 타클라마칸 4

모래 바람 그치고
무섭도록 적막에 휩싸인 하늘을
독수리 한 마리가 난다.[1]
너는 내 영혼을 데불고 갈
천상의 사자
내 죽을 때를 기다려 유유히
그림자를 좇는다.
나는 한 번도 남에게 진실한 사랑을 베푼 적 없어
심장이 병들고,
한 번도 맑은 생각을 가진 적이 없어
살이 썩었나니
독수리야,
내 육신을 차라리
이 비정의 모래밭에 버려두어
하얀 촉루가 되게 해다오.
그리하여 그 뼈는

---

1) 라마교나 배화교에서는 사람이 죽었을 때 그 시신을 독수리 먹이로 내준다. 이렇게 조장(鳥葬)을 하는 것은 독수리가 죽은 자의 영혼을 천상으로 인도한다는 믿음 때문이다.

어느 배화교도(拜火敎徒)의 신전에 놓여
신을 찬미하는 한 개
피리가 되게 해다오.

아, 타클라마칸 5

바람에 휩쓸려 굽이치는
큰 사구는
큰 파도,
작은 사구는 잔물결,
먼 해안선의 불빛 같은 신기루를 좇아
나 흔들리는 낙타 등에서
뱃멀미하다.

신기루

머얼리 있어야 다가오는 것,
머얼리 있어야 또렷해지는 것,
머얼리 있어야 아름다운 것,
가도 가도 끝없는 열사(熱砂)의 지평에서
가슴에 뜨거운 태양을 안고 궁구는 내
사랑.

파미르 고원

칼 바위산 초르타크[1]를 넘어
불타는 땅 타클라마칸을 건너
얼음산 무스탁[2]을 올라
마침내 나 파미르에 섰다.
해발 6,500피트, 위에서 굽어보는 세상은
어지럽기만 하다.
현기증과 두통과 무기력으로 지샌
고원의 하룻밤은 고달팠지만
실상 나는 뱃멀미에 시달리고 있었노라.
아, 파미르
거대한 시간의 호수.
에서 더 흐를 수 없는 시간의 쪽배에 앉아
내 지금 찰랑거리는 수면을 들여다보노니
과거, 현재, 미래라는 것이
이 얼마나 부질없는 말이뇨.

---

1) 초르타크(Chortag) 산. 타클라마칸의 오아시스 도시 쿠처(Kucha)에서 키질(Kizil) 석굴로 가는 길에 있는 거대한 암산. 흡사 수많은 칼들을 세워놓은 모습이다.
2) 무스탁(Muztagata) 산. 파미르 고원에 있는 얼음산. 해발 5,450m.

서역을 정복한 고선지(高仙芝)³⁾가
백만의 대군을 거느리고 개선했던 고성(古城), 스토우텅⁴⁾
그 폐허에 핀 봉숭아 꽃잎⁵⁾이
눈물겹고나.

■■■■■■■■
3) 당나라 장군이 된 고구려 유민. 당 현종(玄宗) 때(A. D. 747년) 파미르 고원을 넘어 서역을 정복하였음.
4) 스토우텅(石頭城). 파미르 고원의 탁시쿠르칸(塔什庫爾干, Taxikorkan) 협곡을 지키는 산성으로 한나라 때 축조한 것임.
5) 파미르 고원에는 봉숭아 꽃이 많다. 이들 봉숭아가 불교의 전래와 더불어 우리나라에 이식된 것으로 추측된다.

시간의 쪽배

1판 1쇄 찍음 2005년 6월 24일
1판 1쇄 펴냄 2005년 6월 30일

지은이 오세영
펴낸이 박맹호, 박근섭
펴낸곳 (주) 민음사

출판등록 1966. 5. 19. 제16-490호
서울시 강남구 신사동 506번지 강남출판문화센터 5층 (우)135-887
대표전화 515-2000 / 팩시밀리 515-2007
www.minumsa.com

값 7,000원

ⓒ 오세영, 2005. Printed in Seoul, Korea
ISBN 89-374-0734-5　03810